Andre

Ich mag

Andrea Schwarz

Ich mag Gänseblümchen

Unaufdringliche Gedanken

Herder
Freiburg · Basel · Wien

Abbildungen:

Die Brücke, Freiburg 10/11 – Döhrn, Bad Neuenahr 16/17
Hebling, Freiburg 94/95 – Huber, München 28/29
Klemm, Heidelberg 46/47 – Nahler, Hillesheim 12
Radtke-present, Essen 53 – Schneiders, Lindau 38/39
Schwarz, Gengenbach 67 – Strelow, München 20/21

Gedruckt auf umweltfreundlichem,
chlorfrei gebleichtem Papier

17. Auflage

Alle Rechte vorbehalten – Printed in Germany
© Verlag Herder, Freiburg im Breisgau 1985
Herstellung: Freiburger Graphische Betriebe 1998
ISBN 3-451-20531-9

Statt eines Inhaltsverzeichnisses:

Ich solle
einen roten Faden in diese Texte
hineinbringen
hat der Verlag gesagt

haben Sie
in Ihrem Leben
schon mal
einen roten Faden
gefunden?

Also bei mir
wechselt
die Farbe
andauernd

deshalb:
ohne Inhaltsverzeichnis

Entschuldigen Sie
wenn ich Sie einfach
so direkt frage

Mögen Sie Gänseblümchen?

Eine etwas ungewöhnliche Frage
ich weiß

Wenn Sie jetzt verächtlich die Schultern zucken
oder verständnislos-fragend schauen
oder gar zugeben
Sie müßten erst darüber nachdenken

dann mögen Sie
Gänseblümchen nicht

Gänseblümchenmenschen
brauchen nämlich
über eine solche Frage
nicht nachzudenken
und sie schauen auch nicht
verständnislos drein

Im Gegenteil
sie schmunzeln
freuen sich über die Frage
wie ein Schneekönig
und wissen
sie haben in dem Frager
einen neuen Freund gefunden

Gänseblümchenmenschen
das ist eine ganz besondere Gattung
die haben ihre eigene Philosophie
leben ihr Gänseblümchenleben
unaufdringlich
unscheinbar
und revolutionär
in ihrer Zärtlichkeit

Falls Sie
Gänseblümchen mögen
dann haben Sie
wohl deswegen auch
nach diesem Büchlein gegriffen
und werden sich vielleicht
in dem einen oder anderen Text
wiederfinden
das wäre schön

und
wenn Sie es geschenkt bekommen haben
dann möglicherweise deswegen
weil derjenige meinte
Sie wären ein solcher Gänseblümchenmensch
dem das gefällt
der in diese Philosophie paßt
oder er will Ihnen
einfach Gänseblümchen näherbringen

Sollten Ihnen Gänseblümchen
bisher tatsächlich noch nicht
aufgefallen sein
(obwohl – ich kann mir's fast nicht vorstellen)
dann lassen Sie sich
doch einfach einmal
auf den Zauber der Gänseblümchen ein
bücken Sie sich etwas (doch, bücken müssen Sie sich
schon, um das Lebensgeheimnis von Gänseblümchen
zu lüften)
und lassen Sie sich einladen
Ihr Leben um Gänseblümchen zu bereichern

Ich jedenfalls wünsche Ihnen viel Spaß beim Zärtlich-
Revolutionär-Unaufdringlich-Behutsamen-Nachdenk-
lich-Werden und beim Lesen, natürlich!

Haben Sie heute schon gelebt?

Es gibt Tage in meinem Leben, da komme ich abends heim und frage mich – was habe ich heute nun eigentlich „gemacht"? Gut, ich habe vielleicht zwei Termine wahrgenommen, vier Briefe diktiert, zehn Telefonate geführt, einige Leute waren im Büro – ich kann schon aufzählen, was ich gearbeitet habe. Aber irgendwie, ein komisches Gefühl bleibt zurück.
Und dann merke ich auf einmal, daß die Frage „was habe ich heute eigentlich gemacht?" total falsch ist, daß sie eigentlich ganz anders lauten müßte, nämlich: Habe ich heute gelebt?
Habe ich heute bewußt mich, meine Mitmenschen, meine Umwelt er-lebt?

Dazu gehören keine weltbewegenden Ereignisse:

✷ habe ich heute einmal darüber gestaunt, welch ein Wunder mein Körper ist – daß das Blut fließt, mein Herz schlägt, mein Magen verdaut,…
✷ habe ich heute einmal mein Gegenüber etwas näher angesehen – die Sommersprossen im Gesicht, der abgespannte Blick, die nervösen Hände, den hübschen Pullover,…
✷ habe ich heute einmal Augen und Ohren offengehalten für das, was in dieser Welt vor sich geht – habe ich den Schrei des gefolterten Menschen gehört, als die Nachrichten im Radio kamen; habe ich das Gänseblümchen gesehen, das so unaufdringlich dort am Wegrand blüht und…

Diese Liste kann sicher jeder für seine Situation beliebig fortsetzen…

Ich lebe, klar, wer bezweifelt das? Schließlich sitze ich ja hier und schreibe. Aber bin ich auch lebendig? Lebe ich oder lasse ich mich leben – diktieren von Terminen, Umständen, Zwängen und all dem, was „man halt tut"?

Manchmal, da erfahre ich das Leben ganz intensiv. Da pulst mein Leben, meine Energie aus jeder Pore meiner Haut hervor. Da spüre ich auf einmal, was Leben alles sein kann. Von Pablo Neruda stammt der Satz „Ich bekenne, ich habe gelebt". Das ist eigentlich ein Satz, den ich am liebsten jeden Abend zu meinem Gott sagen möchte: „Ich bekenne, ich habe heute gelebt. Heute habe ich das aus meinem Leben gemacht, was du mir als Veranlagung dazu geschenkt hast. Ich habe heute geweint und gelacht, ich war neugierig und entspannt, ich habe anderen zugehört und bin übergeflossen vor Redseligkeit. Ich bekenne, ich habe gelebt." Gott hat gewollt, daß wir leben – jetzt, heute, in diesem Moment. Wenn er es nicht gewollt hätte, dann hätte er uns nicht so erschaffen mit all diesen Veranlagungen. Leben heißt dabei nicht unbedingt andauernd glücklich sein – Leben heißt, bewußt sein eigenes Leben wahrnehmen, das Traurige ebenso wie das Schöne, beidem seinen Raum geben, bewußt das Leben der anderen Menschen und der Schöpfung um sich herum wahrzunehmen. Und ich denke, das hat Jesus auch mit dem „Leben in Fülle" gemeint.

Tja – aber so einfach ist das nun auch wieder nicht. Gott schenkt mir mein Leben – aber ich bin mir und Gott verantwortlich dafür, was ich aus meinem Leben mache. Ich stelle mir das manchmal sehr plastisch vor (alle Theologen werden jetzt aufschreien – aber das stört mich nicht, weil es ein Bild ist, mit dem ich was anfangen kann): Gott stellt mir einen unvorstellbar großen Korb mit Wolle hin, alle Farben, alle Sorten, Nadeln in jeder Größe – das Dumme ist, stricken muß ich ganz alleine. Ich muß Masche an Masche setzen, manche rutschen leicht, andere fallen herunter, manche finde ich überhaupt nicht wieder: ich kombiniere Farbe und Muster. Aber daß ich überhaupt stricken kann, daß ich die Materialien dazu habe, das ist ein Geschenk.

Mein Leben ist ein Geschenk – was ich daraus mache, liegt an mir. Dabei bekommt jeder von uns solch einen Korb voll Wolle, aber keiner besitzt die ganze Auswahl.

Der eine hat keine rote Farbe, dem anderen fehlt das dicke Garn, mit dem er so herrlich schnell vorankommt. Aber jeder hat seinen Korb mit Wolle – und der ist voll, übervoll. Ich kann davon, von diesem Korb mit Wolle sogar anderen abgeben – mein Leben mit anderen teilen. Für eine solche Art zu leben aber muß ich mich entscheiden. Sie ist sicher anstrengender als sich leben zu lassen, mitzuschwimmen im Strom. Aber ich denke, sie ist auch um vieles reicher, voller, dichter. Wert – gelebt zu werden... von mir gelebt zu werden.

Haben Sie heute schon gelebt?

Masche für Masche
strick ich mir
mein Leben zurecht

Dunkles wechselt
mit Hellem
dünner
brüchiger Faden
mit dicker
fester Wolle

seltsame, einzigartige
Muster entstehen
manchmal auch hübsche

so ist
mein Leben

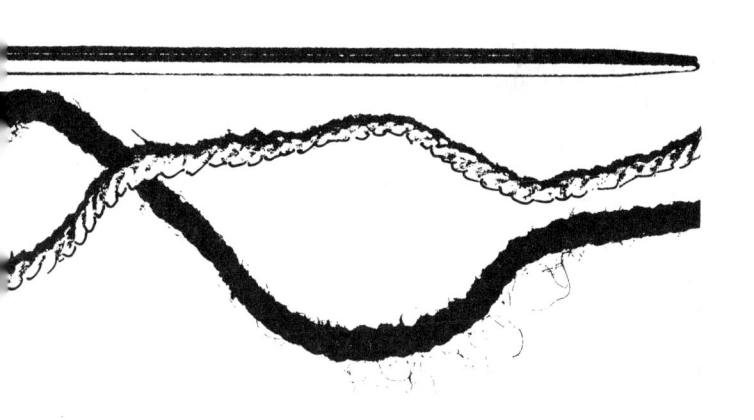

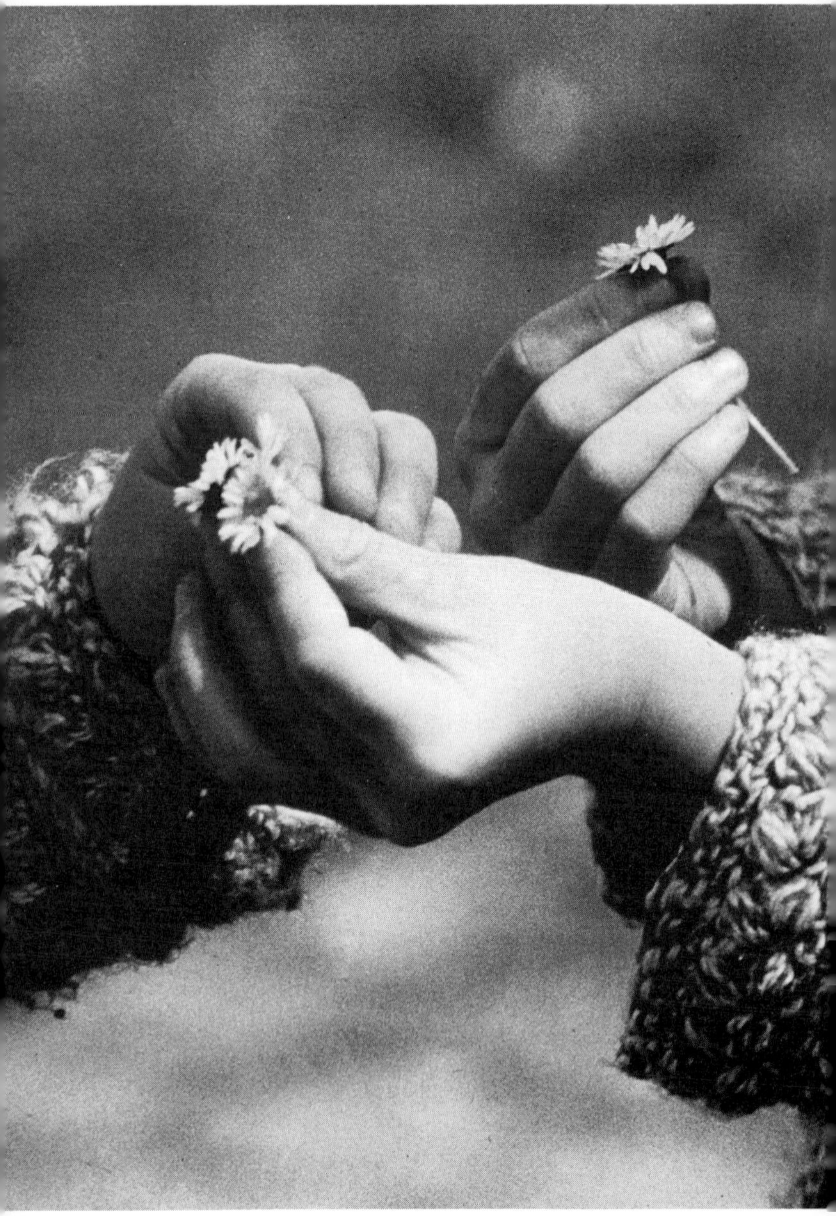

Gefangen in den Großigkeiten
meines Tages
hetzte ich
durch die Stadt

das Rot der Ampel
brachte mich ungeduldig zum Stehen
die Augen jagten weiter

blieben auf dem
zerzausten weiß-gelben Punkt
im schäbigen Großstadtrasen hängen

Gänseblümchen – Kleinigkeit
und plötzlich
roch ich den Frühling in der Luft

In manchen Stunden
meines Lebens
ahne ich
was Leben
eigentlich alles
sein könnte

Und dann
weine ich
um jede Sekunde
die ich nicht gelebt habe

Auf die mir gestellte Frage
ob ich glücklich sei

muß ich vorerst die Antwort
schuldig bleiben

mein Leben läßt sich
mit einem „Ja" oder „Nein"
heute
nicht einfangen

Wie ein Blitz
durchzuckt mich
die Erkenntnis
Ich lebe!

Ich halte die Luft an
zähle bis zehn
und meistens ist es dann auch
wieder vorbei

Wenn mir
nach stundenlangem Grübeln
endlich die schlagfertige Antwort einfällt
nach der ich gesucht habe

dann könnt ich mich
fast noch mehr ärgern

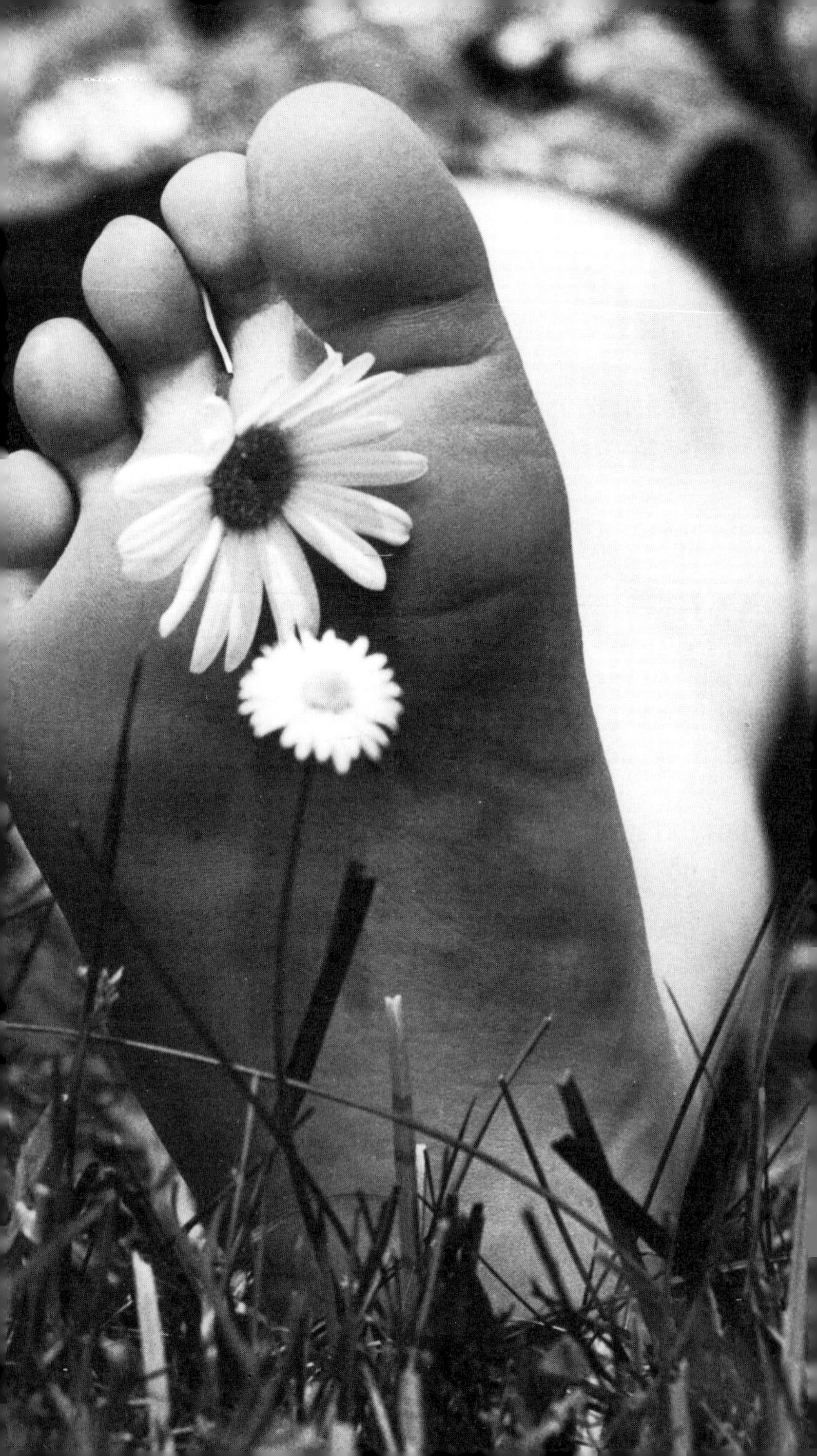

Der schwarz-weiß-getigerten Katze
die Pfote schütteln
die Pusteblumenkinder
in die Welt hinaus pusten
den großen Zeh
in den eiskalten Bach tauchen
in der satten Wiese liegen
und alle viere von mir strecken

spüren
ich lebe

Geliebt werden

das kann heißen
nach einem einsamen Tag
von einer schwarzen Handvoll Hund
stürmisch begrüßt zu werden

Vögel singen
in einer Welt
die krank
lieblos
ungerecht ist

vielleicht
haben sie recht

Ich lebe
mit Haut und Haaren
allen Poren der Seele
und des Körpers

ich sauge gierig
mein Leben
in mich auf

Mensch
muß ich tot
gewesen sein

Diese endlos weiten
Schneewüsten
verlangen
viel Vertrauen von mir
daß darunter
Leben schläft

langweilige Menschen auch

Du und ich sind mehr als zwei

Gengenbach, 22. 04.

Lieber Peter!

Weißt Du eigentlich, was Du mit mir angestellt hast?
Herrjeh nochmal – ich würde am liebsten quer über den Marktplatz tanzen, das Obertor umarmen (es guckt auch immer so freundlich!), den Autos Blumen unter die Scheibenwischer klemmen und allen Leuten erzählen, wie sehr ich Dich mag (aber Deine Adresse rücke ich nicht raus, die behalt ich für mich!).
Aber wahrscheinlich sieht's mir sowieso jeder an – ich bin so voll mit Glück, daß es aus jedem Knopfloch regelrecht herausquillt, so glücklich machst Du mich!!
Als Du vorgestern wieder heimgefahren bist, habe ich mich anschließend so richtig einsam und alleine gefühlt – aber nur bis zu Deinem Anruf spät in der Nacht, als Du mir einen zärtlichen Gute-Nacht-Kuß durchs Telefon schicktest.
Komisch, was an diesem Wochenende mit uns passiert ist, oder? Wir kennen uns doch nun schon so lange, aber diesmal warst Du ganz anders. Ich weiß auch nicht, so jungenhaft und erfahren zugleich, so ausgelassen neu und doch so vertraut. Ich habe irgendwie immer darauf gewartet, daß Du einen Laubfrosch aus der Tasche ziehst...
Vielleicht war ich auch anders, habe Dich deswegen anders gesehen – ach, egal... Ich bin verliebt in Dich, Du lieber Bär! Was hast Du nur mit mir angestellt?? Ich glaube, es war wohl der Samstagabend, unser gutes Gespräch, die Vertrautheit, und plötzlich hat es einfach „gefunkt".
Mir unerklärlich, warum, wieso. Aber da war plötzlich dieses dumme, warme und so schöne Kribbeln im

Bauch; da war plötzlich die Spannung, die so elektrisiert, daß man meint, wenn ich den anderen jetzt nur ganz sanft berühre, springt ein Funke über. Das war dieser Moment, wo man nichts mehr sagen kann – einfach, weil die Worte fehlen, die Sprache wegbleibt; wo ich nur noch schauen kann, den anderen anschauen kann. Und da tastete sich Deine Hand herüber zu mir, hielt meine Hand fest und erzählte ihr alles, was Du nicht sagen konntest.
Und es war warm und gut, Deine Hände, Deine Arme hielten fest und ließen sich festhalten. Und die Welt blieb einfach stehen,...
Irgendwann tauchten wir beide etwas verlegen aus dieser Tiefe auf, und da sagtest Du ganz leise „Du" – und alles war gut...
Ja, ich glaube, da hab ich mich verliebt in Dich, dieser Moment, wo meine und Deine Welt zusammenfielen, eins wurden in unserer Welt.
Und jetzt bin ich nicht mehr zurechnungsfähig. Ich lasse mich von einer Welle des Glücks über alle Unebenheiten hinwegheben (gab's irgendwo mal Probleme?), überall schiebt sich Dein Gesicht lächelnd dazwischen, und ich ertappe mich dauernd beim vor-mich-hinpfeifen und singen. Der Schreibmaschinenvertreter heute guckte ganz irritiert, als ich so lauthals „I'm a free born man of the travelling people" singend ins Zimmer platzte. Naja – Du hast es das ganze Wochenende vor Dich hingebrummt, und ich hab's jetzt dauernd im Ohr. Und konnte ich wissen, daß der Vertreter schon da saß?
Mein Kollege hat schon gemeint, man solle mich arbeitsunfähig schreiben, ich sei ja doch zu nichts zu gebrauchen. Aber das stimmt einfach nicht! Ich fühl mich so stark und so reich im Moment, die Arbeit geht so toll und leicht von der Hand (naja, zugegeben, wenn ich nicht gerade an Dich denke), und irgendwie klappt alles.

Du, ich bin verliebt in Dich! Ein ver-rückter Zustand, nichts ist mehr an seinem Platz, mich eingeschlossen.
Oder bin ich gerade jetzt an meinem richtigen Platz?
Du, ich umarm Dich ganz arg doll!!
Läßt Du mal wieder was von Dir hören?

Christiane

P.S. Wo hast Du Chaot nur die Leiter hingestellt, nachdem Du mir am Sonntagnachmittag unbedingt die allerhöchste Kirschblüte pflücken wolltest?

> Guten Tag
> junge Liebe
>
> schön
> daß du da bist
>
> bleibst du
> ein wenig?

Mein Himmel
hängt voller Geigen

ich liebe dich

ich verliere mich
in dir

Nur:
Wo und wie find ich mich
dann wieder?

Dem Mond
Gute Nacht sagen

unseren Stern suchen
und Grüße an dich bestellen

dem Riesen-Bär
den du mir das letzte Mal mitgebracht hast
einen Nasenstreichler geben

schlafen gehen
und von dir träumen

Ich bin eine starke Frau
Ich lebe mein Leben
habe meine Meinung
weiß was ich will

ein Kuß von dir
kann mich schwach machen

In die dunkle Nacht
hinauslaufen
um an eine helle Häuserwand
den Satz zu sprühen:
Ich liebe dich!

Schreien ist ja
nach zweiundzwanzig Uhr
leider untersagt

Ich traue mich nicht mehr
aus dem Haus zu gehen
du könntest ja gerade jetzt anrufen

ich passe am Morgen
den Briefträger ab
du könntest ja geschrieben haben

abends treibe ich mich in der Kneipe rum
wo ich dich kennengelernt habe
du könntest ja vorbeikommen

ich mache mich jetzt schon
abhängig von dir

das kann so nicht weitergehen

also meld dich endlich

Dein Körper
atmet Zärtlichkeit

und ich schmiege mich
einfach
in sie hinein

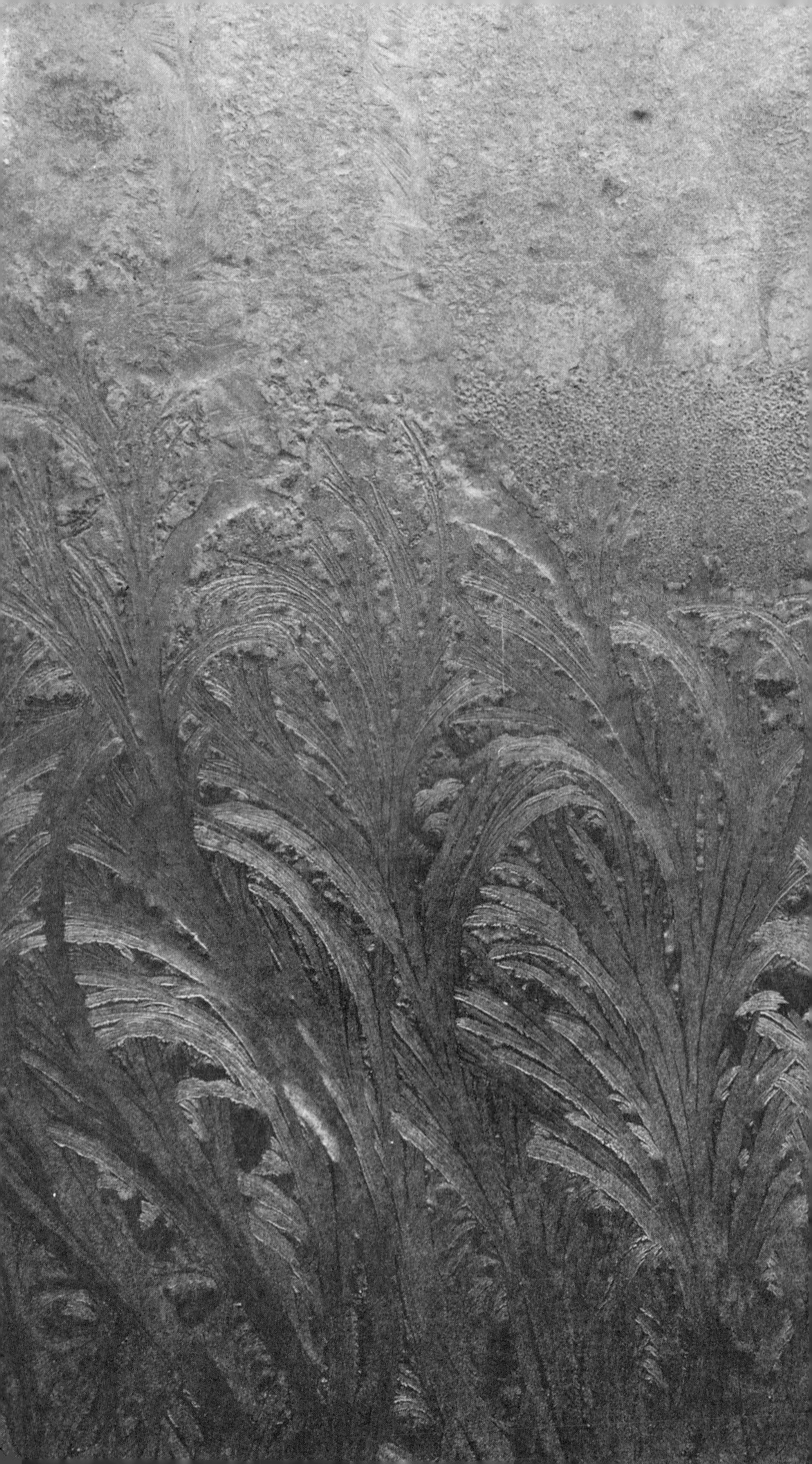

Die Wärme
deiner Nähe

bringt sogar
meine Eisblumen
zum Schmelzen

Mein Märchenprinz
muß sterben

damit ich dich
lieben kann

Verliebtheit
muß Wurzeln schlagen
braucht Zeit zum Keimen

um zur Liebe
wachsen zu können

Ob unsere Liebe
groß genug sein wird
für die Kleinigkeiten
unseres Alltags?

Manchmal
wenn sich zwei Menschen
begegnen
passiert etwas Wundersames:
zwei Instrumente
gleich gestimmt
spielen die gleiche Melodie

Eine Melodie
zwischen hier und dort
zwischen gestern und morgen
zwischen dir und mir

Also
irgendwie
müssen wir beide
aus dem gleichen Erlebnis
unterschiedliche Konsequenzen
gezogen haben

Ich habe gemeint
du liebst mich

Dein Lächeln
umspielt mich
spielt mit mir

ich lächle zurück
spiele mit

wir lächeln uns an

das Spiel beginnt

Zärtlichkeit ist mehr

Endlich hatte es einmal geklappt. Seit über einem Jahr sprachen wir schon davon, daß es doch schön wäre, miteinander einmal ganz gemütlich ein Glas Wein zu trinken. Wir kannten uns von der Arbeit her und ahnten wohl etwas davon, daß wir uns ganz gut verstehen könnten.
Dreimal hatten wir den Termin bereits verschoben. Immer wieder kam bei ihm, kam bei mir etwas dazwischen. Jetzt aber hatte es geklappt. Ein erstes scheues, noch etwas unsicheres Abtasten; dann mit einem Mal war das Gespräch ganz dicht, ganz tief. So offen und persönlich, wie es ganz selten einmal vorkommt, wenn sich zwei Menschen finden und verstehen. Es bestätigte sich, was ich schon lange geahnt hatte: wir konnten miteinander. Und das ist ganz schön viel.
Mir ging es entsprechend gut. Eine wohlige, innere Wärme war in mir, ich fühlte mich verstanden, und es stand viel zum Nachdenken im Raum. Kurz: es war einer dieser gelungenen und so seltenen Abende.
Als ich mich schließlich verabschiedete, hätte ich ihn gern in den Arm genommen, einfach um diese Nähe, die ich den ganzen Abend empfunden hatte, auch körperlich auszudrücken, zu zeigen: Du, ich bin Dir nah. Aber irgendwie – ich traute mich nicht, ich hatte Angst, vielleicht...
Am nächsten Tag trafen wir uns zufällig bei einem gemeinsamen Termin wieder.
Und in der Pause ging ich auf ihn zu, nahm meinen Mut zusammen und erzählte ihm von diesen meinen Gedanken beim Abschied. Er sagte nichts weiter darauf, schaute mich nur an. Und natürlich kam auch gleich schon wieder jemand, der unbedingt etwas wissen wollte von ihm. Schade...
Es traf sich, daß wir kurze Zeit später abends nach einem Termin noch zusammensaßen. Und wieder war es

ein dichtes, gutes Gespräch. Beim Abschied erinnerte er sich wohl an unser Rand-Gespräch neulich und nahm mich in den Arm. Aber – ich fühlte mich nicht wohl dabei, es war ein zögerndes in den Arm nehmen, fast gezwungen, unnatürlich. Es zeigte eigentlich mehr Distanz als Nähe. Es brachte mich ziemlich durcheinander.
Auf meiner Heimfahrt an diesem Abend hatte ich viel nachzudenken. Ich hatte immer gemeint, es sei das einzig Erstrebenswerte, Nähe zu Menschen auch durch ein körperliches Zeichen auszudrücken. Und dies zeigte ich auch als Erwartung deutlich an, benannte es sogar. Aber – ist eine solche Form von Zärtlichkeit (wie ich sie für mich einsortierte) nicht auch schon eine Form von Gewalt?? Ich äußere so deutlich meine Erwartung, oder frage vielleicht gar nicht mehr, sondern nehme den anderen ganz einfach in den Arm, so daß ihm gar keine Gegenwehr mehr möglich ist. Und dabei weiß ich gar nicht, ob es dem anderen überhaupt guttut. Wege, Ausdrucksformen, die für mich richtig sind, müssen ja nicht auch für den anderen richtig oder wichtig sein.
Gut, es ist meine Art, auf diese Weise Nähe spürbar zu machen – aber, war es auch seine Art? Woher nehme ich eigentlich das Recht, ihm meine Form aufzudrängen? Andere Menschen gehen andere Wege; jemand anderer zu sein heißt auch anders zu leben. Und das könnte, müßte ja heißen, daß andere Menschen möglicherweise andere Formen gefunden haben, Nähe zu zeigen. Und mir wurde plötzlich klar, daß ich meine Vorstellungen, meine Gedanken zum Maßstab der Beurteilung gemacht hatte.
Meine zärtlich gemeinte Geste schlägt ins Gegenteil um, bedrängt, erdrückt, schnürt die Luft ab. Das kann keine Zärtlichkeit sein...
Vielleicht heißt Zärtlichkeit vielmehr, offene Augen und Ohren und Gespür dafür zu haben, was dem anderen gut tut – und wenn dies eben nicht die Umarmung ist, dann auch darauf zu verzichten.
Als wir uns kürzlich wieder einmal trafen, überfiel ich ihn nicht mehr. Im Gegenteil: ich begann zu begreifen,

das seine Zuwendung in unserem Gespräch, sein Da-Sein, seine Form der zärtlichen Nähe war, sein Geschenk an mich.
Zärtlichkeit sucht die ihr jeweils passende Form – und ich denke, das ist gut so; auch wenn es nicht immer meine Form ist.

> Dein Blick
>
> umfängt mich
>
> hält mich
>
> einen Augen- blick
>
> lang
>
> ganz zärtlich fest

Deine Zärtlichkeit
mir gegenüber
ist so schlicht
und unaufdringlich
daß ich sie
manchmal
gar nicht merke

Es gibt Menschen
deren Händedruck
mindestens so viel wert ist
als ob sich ein anderer
eine Stunde lang
mit dir unterhalten hätte

Wenn du mich
anfaßt
fühle ich mich
angegriffen
nicht be-griffen

Heute
war so ein Tag

da hätte ich jeden
umarmen können

zum Glück
gab's wenigstens ein paar Menschen

denen ich kräftig
auf die Schulter klopfen konnte

Zwei leere Gläser
leise Musik
die Kerze ist
heruntergebrannt

dein Atem
geht ruhig

Zärtlichkeit
ist mehr
als streicheln
in den Arm nehmen
dir durch die Haare wuscheln

Zärtlichkeit ist hinschauen
hinhören
hinfühlen

was dir
was mir gut tut
ohne jemandem zu schaden

um dann
getan zu werden

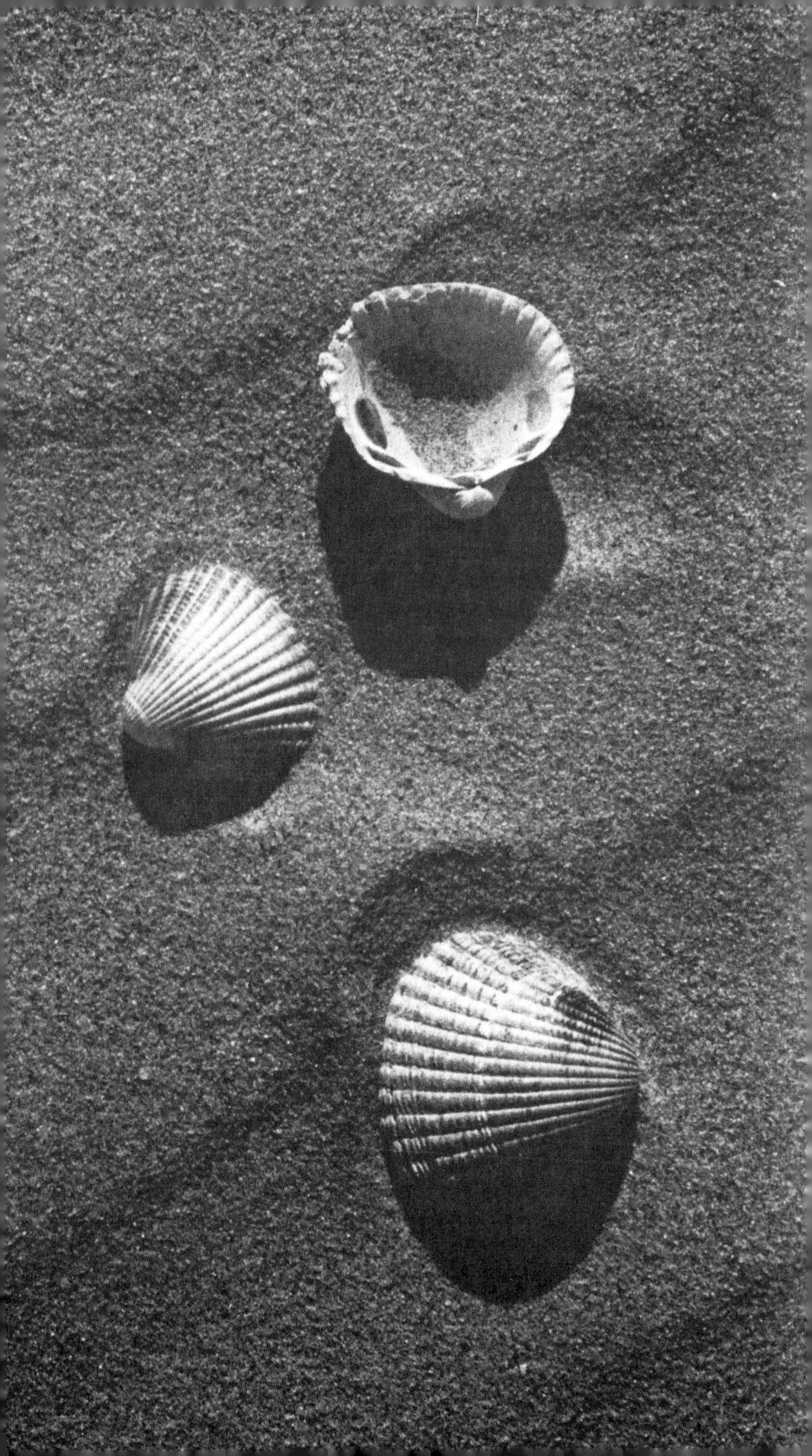

Gestern hast du mir
ein schimmerndes rotsilbernes Blatt
gezeigt

Schau, wie schön
sagtest du
und bist liebkosend mit deinem Finger
darüber gefahren

Heute liegt das Blatt
stumpf zusammengerollt
geknickt
achtlos auf deinem Schreibtisch

du kannst
dieses Blatt
nicht sehr geliebt haben

Die Binsenwahrheit
„du bist anders als ich"
muß auch erst
gelebt werden

Mit dem Zettel
„Bitte sehen Sie in Ihren Briefkasten"
hat der Eilbriefträger
heute das Spinnennest zerstört

Plötzlich
lohnt es sich viel weniger
in meinen Briefkasten zu schauen

Ein unsichtbarer Faden
webt sich
von dir zu mir

ein kurzer Blick
ein zartes Wort
ein warmes Lächeln
leise nur
fast unbemerkt

Knoten
in unserm
unsichtbaren Netz

Zärtlich leben, das kann eine ganz schön revolutionäre Sache sein – denn Zärtlichkeit ist mehr als der Austausch von Zärtlichkeiten. Zärtlichkeit ist eine Lebenshaltung, eine Einstellung zum Leben, ein Lebenswert – wert, gelebt zu werden. Zärtlichkeit könnte unsere Gesellschaft, unsere Politik grundlegend umkrempeln, verändern.
Über Zärtlichkeit zu schreiben ist schwierig; unsere Sprache tut sich schwer mit zärtlichen Worten. Und das Wort „Zärtlichkeit" selbst wird häufig schon mit ganz bestimmten Gedanken verbunden, nicht selten in sexuelle Richtung hin.

Aber Zärtlichkeit ist mehr.

Zärtlichkeit – das bedeutet für mich Nähe zu einem Menschen, das vor allem; aber auch Nähe zu meiner Umwelt, zu Pflanzen und Tieren. Da steht mir etwas nahe, da berührt mich etwas. Das kann der Augenblick tiefsten Verstehens in einem Gespräch mit einem Menschen sein; der Moment, wo mir die schlichte Schönheit eines Gänseblümchens auffällt, meine Betroffenheit angesichts des Elends in der Dritten Welt. In solchen Momenten sind mir dieser Mensch, das Gänseblümchen, die Armen in den Slums von Rio ganz nahe, sie betreffen mich, sie rühren mich an und wecken in mir das Verlangen, wiederzuberühren.

Zärtlichkeit – das ist etwas, was ich über meine Sinne erfahre: ich höre den mir liebevoll zugewandten Tonfall einer Stimme, sehe den warmen Schein fackelnden Kerzenlichtes, sage ein heiteres Wort, rieche den Geruch des Waldes, erfahre, spüre Umarmung, einen festen, Zärtlichkeit ausdrückenden Händedruck. Ein zärtlicher Mensch ist einer, der seine Sinne gebraucht; der Augen, Ohren, Hände offen hat, bereit ist zu empfangen und zu geben.

Zärtlichkeit – das geht nicht über den Kopf, über den Verstand. Zärtlichkeit will mit dem Körper gelebt werden. Wenn ich keine Beziehung zu meinem Leib habe, mein Körper mir ein Fremdkörper ist, dann kann auch die Zärtlichkeit nicht darin wohnen.

Zärtlichkeit – das ist nicht Sexualität, ist nicht etwas, das auf die Zweierbeziehung begrenzt ist. Andererseits: Zur Sexualität gehört immer Zärtlichkeit dazu; Sexualität ohne die wirkliche Nähe zweier Menschen bleibt ein pures Stillen von Lustbedürfnissen ohne Verantwortung.

Zärtlichkeit – das ist keine Sache, die nur was für Frauen ist. Zärtlichkeit ist eine zutiefst menschliche Eigenschaft. Aber unsere Gesellschaft gesteht Frauen eher Zärtlichkeit zu als Männern. Und dies wurde und wird leider noch häufig in der Erziehung auch so praktiziert. Jungen weinen nicht, Männer müssen Leistung bringen. Nur langsam lösen wir uns von unseren Vorstellungen, gestehen Männern Zärtlichkeit zu. Kein Wunder, daß sich viele Männer noch schwertun mit der Zärtlichkeit.

Zärtlichkeit – in einer Gesellschaft, die aufs Funktionieren abzielt, auf Leistung angelegt ist, ist sie für viele überflüssig. Zärtlichkeit läßt sich nicht in Aktenordnern abheften; Hektik, Streß lassen keine Zeit für Zärtlichkeit; leere Strukturen und Bürokratie schnüren die Luft ab. Deswegen hat die Zärtlichkeit in unseren Schulen, an den Arbeitsplätzen, auch in unseren Kirchen, keinen Raum; tut sie sich schwer, dort zu wohnen.

Zärtlichkeit – das kann ich nicht kaufen und verkaufen. Das ist eine Dimension menschlichen Lebens, die in die Tiefe und unter die Haut geht. Zärtlichkeit ist immer ein Geschenk, das ich geben und empfangen darf.

Zärtlichkeit – etwas, womit ich behutsam umgehen muß bei mir und bei anderen. Wenn ich zärtlich bin, öffne ich mich, reiße aus meinem „Distanzzaun" Latten heraus, schäle meinen Panzer ab. Damit mache ich mich verletzbar, angreifbar. Wenn ich den Sicherheitsabstand aufgebe, begebe ich mich in die Unsicherheit, können tiefe wertvolle Erfahrungen möglich sein, aber auch Verletzungen. Und ich muß es akzeptieren, daß andere Menschen ihre „Zäune" brauchen und wollen. Ich darf nicht uneingeladen ihren „Gartenzaun" übersteigen und in ihrem geschützten Gärtchen Verwüstungen anrichten. Wenn Zärtlichkeit erschlägt, nicht behutsam mit dem anderen umgeht, dem andern nicht gut tut – dann ist die Zärtlichkeit keine Zärtlichkeit mehr.

Zärtlichkeit – das kann zur Routine werden. Wenn eine Umarmung nicht aus der Nähe zu dem Menschen herauskommt, sondern Gewohnheit wird, wenn Zärtlichkeit nicht die sich ändernden Entfernungen von Nähe und Distanz in der Beziehung zweier Menschen berücksichtigt, so ist sie eine leere Hülse, eine Form ohne Inhalt.

Zärtlichkeit – das ist ein Begriff, der nicht zuletzt auch meine Beziehung zu Gott kennzeichnet. Der Gott, an den ich glaube, das ist ein zärtlicher Gott: das ist ein Gott, der mir nahe ist, auch wenn ich ihm nicht immer nahe bin. Gott geht zärtlich mit mir um (auch dann wenn ich manchmal meine, jetzt geht alles in Scherben); dieser Gott berührt mich.

Eine Menge Worte für etwas, über das man eigentlich schwer schreiben kann. Ein Versuch der Annäherung – vielleicht aber ein Versuch, bei dem zwischen den Zeilen ein wenig dieser Zärtlichkeit aufschimmern kann.

Du weckst
ganz komische Gefühle
in mir

Ich werde trotzig
und stark
und zärtlich

Erst auf den zweiten Blick
reimt sich das

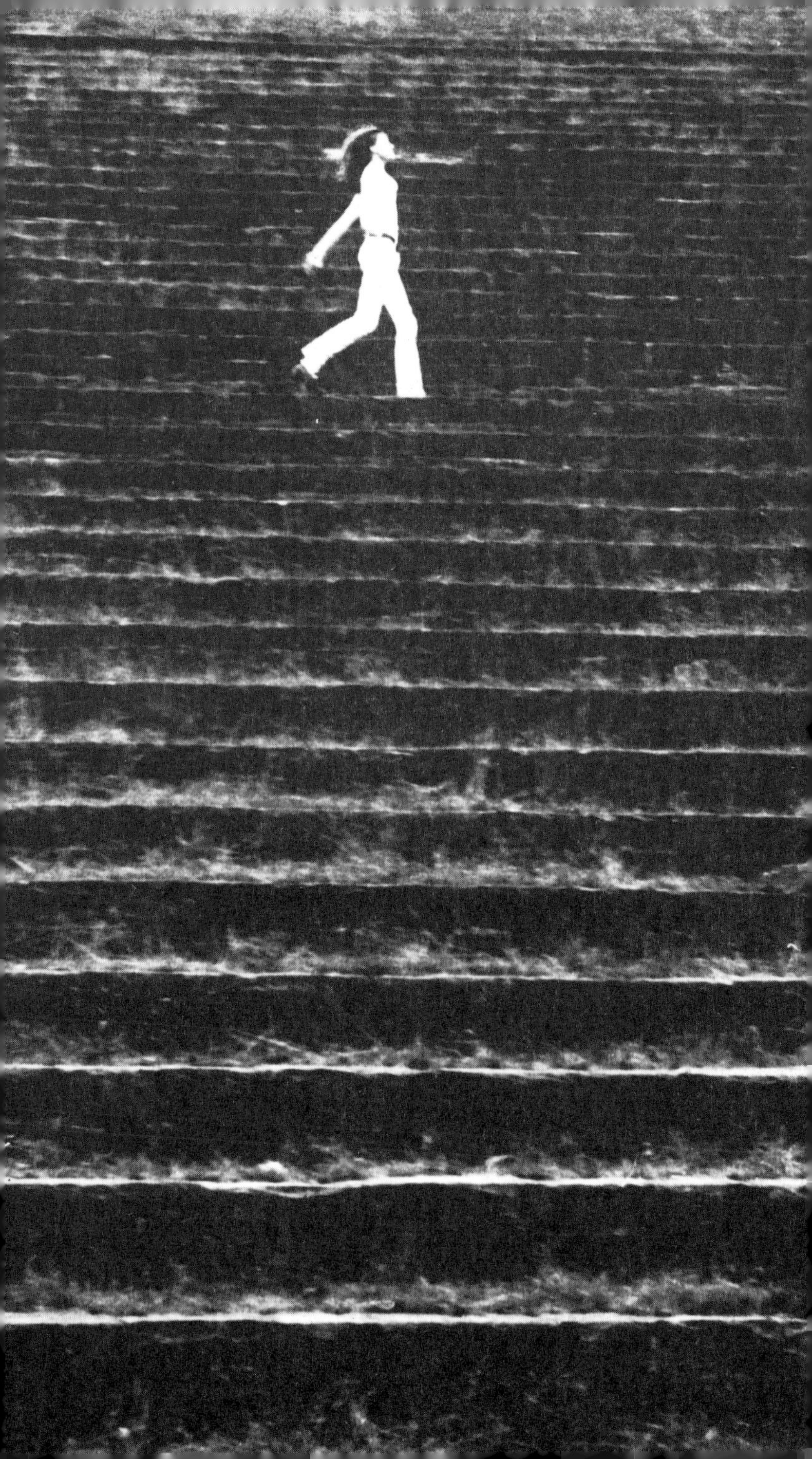

Ich bin auf dem Weg

Liebe Chris,

Du, ganz herzlichen Dank für Deinen langen, lieben Brief! Es ist schön, nach einem langen, arbeitsreichen Tag heimzukommen und solch einen Brief vorzufinden.
Du scheinst ja im Moment in einem ganz wichtigen Lebensabschnitt drinzustecken! Wenigstens deuten die Fragen, die Du Dir in dem Brief selbst stellst, darauf hin: Wer bin ich? Wer will ich sein? Kenne ich mich? Und wie sehen mich die anderen?
Es sind schwierige Fragen, die Du Dir stellst, und es gibt nicht viele Menschen, junge und ältere, die sich solchen Fragen aussetzen, die sich trauen, sich selbst einmal genauer anzuschauen.
Wer bin ich? Ich denke, das ist eine Frage, die mich mein Leben lang nicht loslassen sollte. Ich kann sie auch nie endgültig beantworten, weil ich mich ja immer wieder verändere.
Manche kennen sich im Innenleben ihres Autos oder Heimcomputers besser aus als bei sich selbst.
Um mich mit mir selber zu konfrontieren, braucht es Ehrlichkeit von mir her. Ich muß mir selbst eingestehen, daß ich eigentlich nicht so bin, wie ich sein möchte. Ich kann plötzlich an meinen Fehlern und Schwächen nicht mehr vorbeischauen. Das Traumbild meiner selbst bricht zusammen, eben weil ich kein Traum bin, sondern Wirklichkeit.
Und zu meiner Wirklichkeit gehören eben nicht nur die „Schokoladenseiten" von mir.
Aber – wie krieg ich denn raus, wer ich bin? Das ist gar nicht so einfach, da hast Du schon recht. Ich denke, es ist wichtig, hinzuhören, hinzuschauen, darauf, wie andere auf mich reagieren und wie ich auf andere und anderes reagiere. Ich muß regelrecht mit gespitzten Ohren in mich hineinhorchen: Find ich das gut? Ärgert mich das? Wie geht's mir damit? Mein Körper signalisiert mir

eine Menge (ich bin nicht immer einverstanden mit dem, was er sagt, aber bisher mußte ich feststellen, daß er ehrlicher ist als ich!) – flaue Knie, das Herz schlägt mir bis zum Halse, die Hand zuckt... Das will mir etwas sagen – aber ich muß halt hinhören, es ernst nehmen.
Es gibt Menschen, da möchte ich am liebsten einen Schritt rückwärts machen – sie „rücken mir zu dicht auf den Pelz", und das mag ich nicht. Andere wiederum nehme ich sehr gern in den Arm, da drängt es mich regelrecht zu ihnen hin. Da signalisiert mir mein Körper, ohne daß ich darüber nachdenke, die unterschiedliche Nähe oder Distanz zu einem Menschen, ohne daß ich manchmal begründen kann, warum das so ist. Dieses Gefühl hat mich bisher selten getrogen.
Solche Vorgänge wahrzunehmen, kann ein wichtiger Schritt sein, herauszufinden, was in mir drin ist.
Oder ab und zu mal aus „mir herausschlüpfen", wenn ich mir vorstelle, ich wäre jemand ganz anderer und sollte als Fremder oder Freund mich, die Andrea, sehen, erleben. Würde ich dann immer noch die Dinge entschuldigen, die ich gut vor mir selbst verschweigen kann? Oder würde ich mich „ins Gebet nehmen"?
Mir persönlich ist das Schreiben natürlich ganz wichtig. Gedachte Gedanken verwehen, gesprochene Worte können in Vergessenheit geraten – was ich schwarz (oder blau) auf weiß vor mir habe, das kann ich nicht so einfach wegstecken, verstecken. Das steht in einem Monat noch genauso da. Ich kann daran erkennen, wie ich mich mittlerweile vielleicht weiterentwickelt habe; ich kann davor nur schlecht flüchten, ich kann es schlecht verdrängen – da steht es.
Und dann sind mir meine Freunde und andere Menschen eine große Hilfe. Sie fragen nach, warum ich dies oder jenes mache, lassen sich nicht abwimmeln von irgendwelchen oberflächlichen Aussagen, bohren weiter, haken nach. Oder sagen mir manchmal auch sehr direkt, daß sie dies jetzt überhaupt nicht verstehen oder jenes total unmöglich fanden.
Sie sagen mir ihre Meinung, oft auch ganz hart, aber ich

bin froh darum, es bringt mich zum Nachdenken über mich selbst – und sonst wäre ich wohl nur noch ein stolzer, einsamer, mit Narben bedeckter Wolf.
Ich denke, es ist auch wichtig, von mir selbst zu träumen: welch ein Mensch möchte ich gern sein? Welche Eigenschaften, welche Fähigkeiten hätte ich gern? Einfach mal drauflosträumen...
Anschließend ist noch genug Zeit, daß ich mir selbst meiner Grenzen wieder bewußt werde. Die Realität holt mich schnell genug wieder ein, eben weil ich Mensch bin und deswegen Grenzen habe, manches eben nicht kann, so gern ich es wollte. Aber ich weiß jetzt eher, wo ich hinwill.
Aus vielen kleinen Mosaiksteinchen ergibt sich dann ein Bild meiner selbst, so wie ich es habe. Es ist mein Bild – meine Mutter, meine Arbeitskollegen, meine Freunde haben sicher andere Bilder von mir, in manchen Punkten abweichende. Ich muß diese verschiedenen Puzzle-Teile, die verschiedenen Rollen, in denen ich bin (als Tochter, Freundin, Arbeitskollegin) versuchen, miteinander zu verbinden – und wenn ich viel Glück habe, passen sie teilweise zueinander. Ich kenne Dinge an mir und von mir, die kein anderer kennt; andere kennen Dinge von mir, die ich noch nie bewußt wahrgenommen habe.
Alles ganz schön kompliziert. Der Mensch, Du, ich, sind eben nicht mathematische Formeln, berechenbar, wir sind Menschen – und da hat das Spontane, das Unbewußte, das nicht-Berechenbare seinen Platz darin. Zum Glück gibt es noch etwas, was sich nicht über Formeln errechnen läßt.
Du, ich bin mir jetzt unsicher, ob Dir dieser Brief überhaupt irgendwie weitergeholfen hat. Ich weiß es nicht. Auf jeden Fall möchte ich Dir Mut machen, Dich selbst zu suchen, zu finden, weg von der Oberfläche in die Tiefe zu kommen, auch in die vielleicht unergründliche, geheimnisvolle Tiefe Deiner Selbst.
Wenn Du einmal angefangen hast zu suchen, nach Dir selbst zu fragen, wirst Du nicht mehr aufhören können;

ich warne Dich also: jede gefundene Antwort wird mindestens zwei neue Fragen aufwerfen.
Aber ich finde das gut. Ein Mensch, der stehenbleibt, nicht mehr über sich und die Welt nachdenkt, ist geistig tot. Menschen, die das Leben lieben, mit all seinen Schatten- und Sonnenseiten, die darüber nachdenken, die bereit sind, sich und die Welt immer wieder neu in Frage zu stellen, die *leben.* Und sie werden nie fertig sein mit dieser Welt und mit sich, weil sie auf dem Weg sind – auf dem Weg zu sich selbst und, weil ich meine, auf dem Weg zu Gott – aber das ist sicher einen extra Brief wert.
Ich wünsch Dir jedenfalls, daß Du nie stehenbleiben mögest, sondern immer auf dem Weg bist zu Dir selbst. Der Weg ist das Ziel, das unterwegs-sein ist wichtig, das immer neu dazulernen, das nicht fertig mit etwas sein.
Geh Deinen Weg und unser Gott sei mit Dir!

Deine

Ich bin
auf dem Weg
ich suche
um zu finden

um doch
nie anzukommen
nie zu finden

besser
gehen
suchen

als stillzustehen
abzuwarten
ob ich gefunden werde

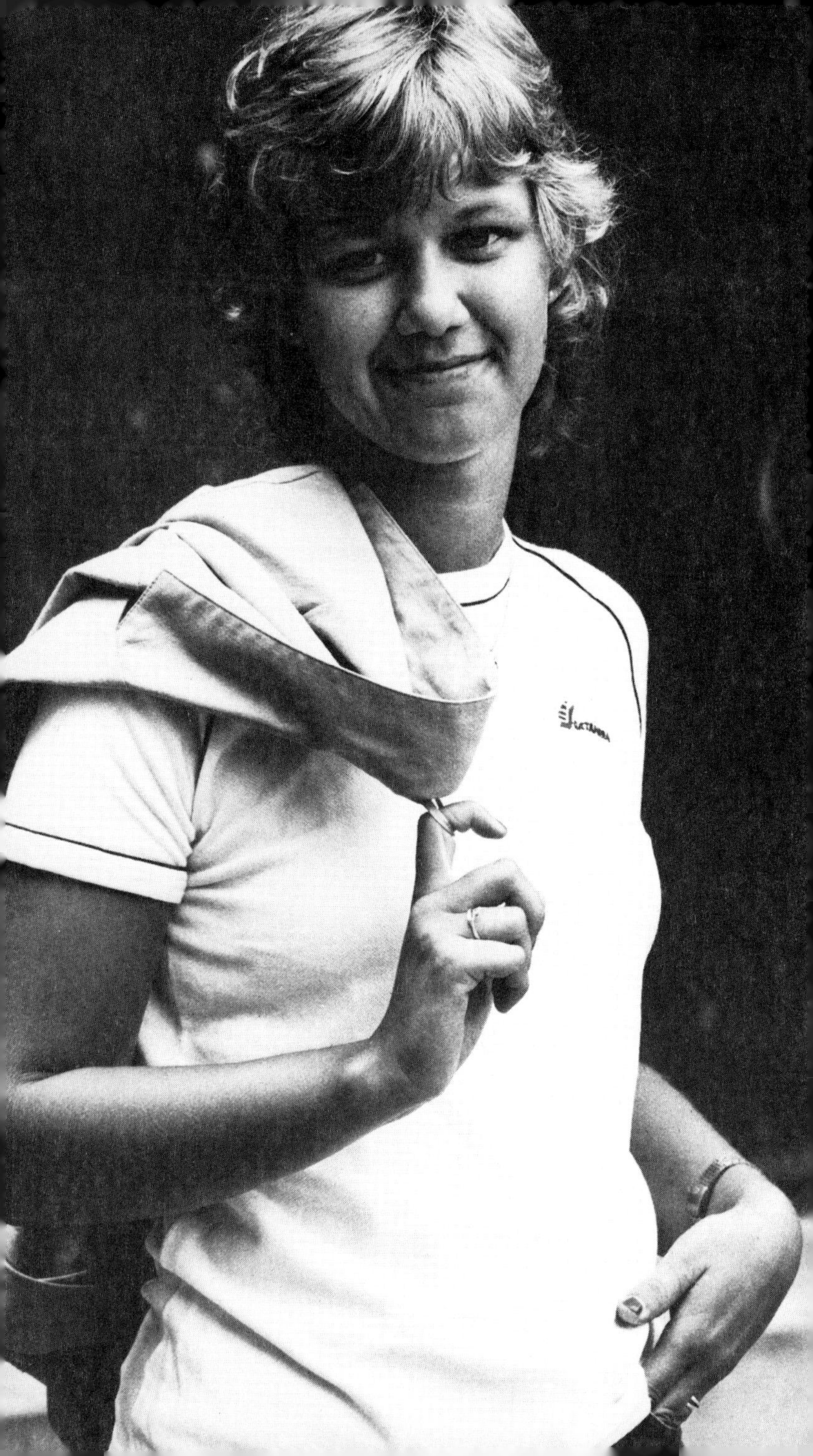

Ich
nehme mir
die Freiheit

wer
hat sie nur
festgehalten?

Wenn ich Wasser brauche
um zu wachsen

werde ich dabei
notgedrungen
naß

Ich hätte
so lange
kein Lebenszeichen
von mir gegeben...

vielleicht
lebe ich
im Moment
auch nicht...

Nimm
dein Leben
in die Hand

ungläubig
schaue ich
meine Hand an

Glaubt bloß nicht
ihr kriegt mich klein

heute
bestimmt nicht

morgen
naja vielleicht

und an einem besonders dummen Tag
sicher

aber
den verrat ich euch nicht

Nein
ich will gar nicht
aus meiner Haut

wo sollte ich sonst
denn auch hin?

Manchmal
find ich mich selbst
ganz schön lächerlich

dummerweise
kann ich
in solchen Momenten
überhaupt nicht
über mich lachen

Ich möchte
so gerne
im Einklang leben
mit der Natur
dem Rhythmus der Zeit
dem Auf und Ab

ich möchte
meine kleine Zeit
in die große Zeit stellen

aber irgendwie
scheint meine Uhr
immer falsch zu gehen

Ab und zu
leb ich mal
sehr intensiv

Dann liegen
Weinen und Lachen
Schmerz und Glück
Tod und Auferstehung
nahe beieinander

besser manchmal etwas chaotisch leben
als gar nicht

Eure Hände
greifen nach mir
verzerren mich

Luft holen
tief durchatmen
aufstehen
meinen Weg gehen

An Grenzen wachsen –
Mauern überspringen

Es war spät abends, als ich von dem Abendtermin in Karlsruhe heimfuhr. Ich war ein wenig müde und aufgedreht zugleich, freute mich auf zu Hause. Noch gemütlich ein Glas Wein trinken, ein wenig lesen, dann ins Bett. Der Tag war voll gewesen heute, ich wollte jetzt eigentlich nur noch meine Ruhe haben, abschalten, die ganze Arbeit einfach Arbeit sein lassen.
Auf der Autobahn ist nur noch wenig Verkehr, kein Wunder – es geht auf Mitternacht zu. Die Kilometer ziehen sich wieder wie Kaugummi. Endlich – meine Autobahnabfahrt. Noch eine Viertelstunde, und ich bin daheim.
Ich war froh, als ich endlich den Wagen abstellen konnte. Ein Blick in den Briefkasten – Kontoauszug, eine Rechnung; da hätte ich heute abend auch drauf verzichten können. Naja, mach was dran...
Leise schloß ich die Haustür auf. In meiner Wohnung empfing mich die Unordnung, die ich heute morgen hinterlassen hatte, als ich so eilig wegmußte. Ich ging durch die Räume, schaltete das Licht überall an, legte eine Schallplatte auf. Es war kalt, ich hatte morgens vergessen, die Heizung aufzudrehen. Ein Blick auf die Uhr belehrte mich, das es jetzt sinnlos war. Pünktlich zehn Minuten nach zehn wird sie abgestellt. Ein Blick aufs Thermometer: 15 Grad. Ich holte mir die dicke Strickjacke, das Glas Wein, auf das ich mich gefreut hatte und setzte mich an meinen Schreibtisch. Vor dem Fenster die Straßenlampen, unten im Tal die Lichter der vorbeifahrenden Autos.
Ich sitze da, schaue aus dem Fenster, betäube mich mit Musik – und in mir kriecht die Einsamkeit hoch. Zum Anrufen ist es zu spät – manchmal hilft es ja, irgendwelche Menschen, Freunde anzurufen, mit ihnen zu reden, einfach eine Stimme zu hören, die „du, Andrea" sagen;

denen ich das, was mich bewegt, mitteilen kann, mit denen ich teilen kann.
Nachts um halb zwölf teilt keiner mehr mit mir. Natürlich könnte ich jetzt Geschirr spülen, ganz leise, damit die Vermieterin nicht aufwacht; ich könnte das Buch lesen, das schon so lange da liegt, ich könnte...
Aber ich sitze da, und in mir macht sich die Einsamkeit breit, nistet sich ein, fängt mich ein. Mein Selbstbewußtsein, meine Stärke, mein sicheres Auftreten verschwinden in den Tiefen meiner Seele. Ich bin nur noch ich, fühle mich klein, ganz klein. Einsamkeit macht sich breit, Sehnsucht nach Menschen, mit denen ich mein Leben teilen kann. Ich sitze da und schaue aus dem Fenster; habe keine Energie für nichts und garnichts mehr. Auch mein Gott ist weit, weit fort. Ich bin allein, wirklich allein und einsam.
Eine Träne fällt auf meine Hand. Ich versuche nicht einmal, sie verstohlen wegzuwischen. Es sieht sie ja doch keiner. Aber auch die Tränen kommen einzeln, sogar das erlösende Weinen flieht mich.
Regentropfen klatschen an die Fensterscheiben. Ja, das hat gerade noch gefehlt.
Und ich sitze da, mit meiner Einsamkeit – und warte auf einen, der sie holen kommt.
Aber es kommt keiner.
Ich bleibe allein mit meiner Einsamkeit.

Die Auskunft
anrufen
irgendwas fragen
nur um eine Stimme zu hören

Meine Einsamkeit
holt mich ein

Nein
ich bin nicht
hoffnungslos

ich hab nur grad
meine Luftballons
nicht zur Hand

Liebe Einsamkeit
weißt du
heute abend schreibe
ich dir einfach mal

das Radio
hab ich ausgedreht
das Buch weggelegt

ich hab jetzt
Zeit für dich

du
ich find das nicht gut
was du mit mir machst
es ärgert mich
daß du mich so traurig
so sehnsüchtig machst
du schleichst dich
an Abenden herein zu mir
wo ich eigentlich
meine Ruhe haben will
du bist ein
ungebetener Gast
und kümmerst dich
überhaupt nicht darum
ob du stören könntest

Du bist einfach da
Muß das denn sein?

Ja, natürlich
du hast recht
ich bin ja einsam
aber mußt du mich
das denn so spüren lassen?

Meinst du
grad deine Anwesenheit
machte mich zweisamer
statt einsamer?

Sicher nicht

Natürlich
könnte ich dir
den Stuhl vor die Tür setzen
aber es hilft nichts
du hast ja wirklich recht
ich bin einsam

geh, geh

nein,
halt, bleib da

meine Einsamkeit
ein Stück von mir
du gehörst doch
zu mir
bleib
um Gottes Willen bleib
laß dich nicht vertreiben
von dem Krimi
und dem Plattenspieler
bleib bei mir
laß mich nicht los

solange du da bist
weiß ich
um meine Einsamkeit
wenn du da bist
dich mir aufdrängst
zwingst du mich
mit dir zu leben
und mich mit dir zu arrangieren

vielleicht
ist das ehrlicher
als der Krimi
oder der Plattenspieler

Ich stolpere
über meine
eigenen Füße

Ich steh
mir selbst im Weg

Aber ich
komm nun mal
nicht
um mich herum

Bedrohliche Schatten
an meinem Weg

meine Angst
läßt mich stehenbleiben

statt zu gehen
immer weiter zu gehen

nur so
könnte ich irgendwann
das Reich der Nacht
hinter mir lassen

Hand an meine Grenzen legen
sie noch ein wenig weiter
wegschieben können

ahnen
wozu ich eigentlich
in der Lage wäre

Durch-leben
die Ungewißheit
die Einsamkeit
die Träume

weinen
lachen
Menschen suchen
sich zurückziehen

Sonne
Regen
Wind
Erde

durch Schmerz
und Dunkelheit
ans Licht
um zu blühen

wachsen

Mit meinem Gott
überspring ich Mauern

und wenn ich mich
Zentimeter für Zentimeter
drüberkämpfen muß

In der Weite
des Meeres
siehst du vielleicht
die zurückgelegte Meile nicht

aber sie ist gesegelt

An Grenzen wachsen, Mauern überspringen – leichter gesagt als getan.
Es gibt Stunden, Tage, manchmal sogar Monate oder Jahre im Leben eines Menschen, wo er vor Mauern steht, nicht mehr weiterweiß, wo sich (scheinbar) nichts mehr bewegt. Und der Mensch selbst auch nichts mehr bewegt...
Für mich sind das schlimme Zeiten. Ich mag mich selbst nicht mehr, weil ich eigentlich ganz anders sein möchte: bewegend, handelnd, immer weiter wissend, fröhlich. Statt dessen laufe ich lustlos in der Gegend rum, bin unleidlich, weiß nicht, was ich will, habe an nichts Spaß. Und in solchen Grenzsituationen, wenn ich vor solchen Mauern stehe, dann werde ich oft zum „Flüchter". Ich verdränge meine miese Situation, „mache einen" auf Aktivität, auf „vielbeschäftigter Mensch", lasse die anderen oft nur ahnen, daß ich im Moment nicht so ganz gut drauf bin. Und weiche dabei doch nur aus, stelle mich den Problemen nicht...
Das Schlimme daran ist: Eigentlich weiß ich es ja besser. Ich weiß ja, daß ich in meinem Leben an Grenzen und Mauern komme, daß sie dazu gehören, und daß ich sie nur bewältigen und überwinden kann, wenn ich sie anschaue, nicht resigniere, sondern sie anzugehen versuche – Zentimeter für Zentimeter, wenn es sein muß. Das alles weiß ich sehr gut. Und ich weiß auch, daß es eine Zeit des „Gelähmt-Seins" gibt, des nicht handeln-können, des „starr-vor-Schreck-seins".
Diese Zeit braucht ihre Zeit. Und sie sollte sich auch jeder nehmen: Zeit zum Trauern, Zeit, erschrocken vor dieser Mauer zu stehen. In dieser Zeit kann vieles wachsen, was ich selbst, hypnotisiert von dieser Mauer, vielleicht gar nicht wahrnehme. Ich kann meine Mauer nur überwinden, wenn ich mir die Zeit nehme, sie mir richtig anzuschauen, mir über ihre Größe klarzuwerden, die wackligen und brüchigen Mauersteine herauszufinden, den Punkt finden, von dem aus ich springen muß, oder wo das Klettern anfangen muß – ich überwinde meine

Mauer nicht dadurch, daß ich sie ignoriere, ihr den Rücken zukehre. Dann bleibt die Mauer, und sie wird erfolgreich mein Leben beschränken, einengen.

Mauern könnten Herausforderungen sein – wenn ich diese Herausforderung annehme. Ich kann daran scheitern, richtig. Ich kann mir blaue Flecken und Schrammen holen – aber ich habe es versucht. Ich habe zumindest versucht, die Mauer hinter mir zu lassen, mein Leben zu erweitern, aus der Begrenztheit heraus zu führen. Dann kann ich wachsen, größer werden, unter Schmerzen vielleicht, aber ich denke, jeder Wachstumsprozeß ist auch mit Schmerzen verbunden, und belohnt uns doch gleichzeitig mit einem weiteren Horizont, dem Gefühl, ich bin durch, ich habe es geschafft.

Es braucht ja nicht gleich die größte und dickste Mauer zu sein, die ich in meinem Umkreis finden kann.

An Grenzen wachsen, Mauern überspringen – ihnen nicht den Rücken zukehren, sondern springen, nicht übereilt, überhastet, ruhig bewußt die Mauer anschauen, ihr ins „Angesicht" schauen, vielleicht auch Freunde suchen, die mir helfen, die mich stützen, Schwung geben, den Sprung sichern – aber nicht flüchten, mich nicht für immer und ewig hypnotisieren lassen von der Mauer.

Leichter gesagt als getan. Aber die Erfolgsaussichten sind die Schrammen und die blauen Flecken wert.

Wege entstehen
wenn wir sie gehen

vielleicht

sollte ich endlich

meinen Beobachterposten

an der

Straßenkreuzung aufgeben

Grund meiner Hoffnung –
Hoffnungsgrund

Liebe Anneliese,

es war schon spät heute nacht, als Du mich gefragt hast, was das denn eigentlich für ein Gott sei, an den ich glaube. Ich habe mich zwar bemüht, Dir eine Antwort darauf zu geben, aber ich fürchte, so ganz ist es mir wohl doch nicht gelungen. Deshalb schreibe ich Dir jetzt einfach nochmal und versuche, „meinen Gott" in Worte zu fassen.
Dabei, und das gleich vorneweg, Gott ist nicht faßbar, auch nicht in Worten. Er ist unbeschreiblich. Wenn er beschreibbar und damit greifbar wäre, so wäre es nicht mehr Gott. Ein Gott, der in unsere begrenzten menschlichen Vorstellungen (bei aller aufzubietenden Phantasie!) hineinpassen würde, wäre Mensch, aber kein Gott mehr! Das, was Gott ausmacht, ist halt die Tatsache, daß er über unseren menschlichen Verstand hinausgeht.
So können auch alle meine Benennungen, Aussagen und Beschreibungen nur zögernde, tastende Annäherungsversuche sein. Sie können vielleicht einzelne Mosaiksteine Gottes erhellen, aber das Bild als Ganzes, Gott, können wir Menschen nicht erfassen.
Und noch eines vorneweg: Ich bin kein Theologe, ich habe die Wissenschaft von Gott nicht studiert. Das hat Vor- und Nachteile. Es kann sein, daß vielleicht manche Aussagen noch zu ergänzen sind. Andererseits: Ich als Suchende erfahre und erlebe diesen Gott, und ich meine, daß ich, auch als Nicht-Theologe, das Recht und die Pflicht habe (so wie Du übrigens auch!), das, was ich sehe, höre und empfinde, so gut wie ich es kann und in aller Begrenztheit, zu benennen und weiterzusagen. Dabei werde ich dann sicher *meine* Sprache benutzen, meine Bilder, denn dieser Gott hat ja etwas mit mir zu tun. Das ist natürlich andererseits eine Chance – gerade

eben, weil es andere Worte, andere Bilder sind, in denen ich von meinem Gott spreche. Vielleicht können Dir manche meiner Bilder etwas sagen – darüber würde ich mich persönlich sehr freuen!

Manches, was ich schreibe, hört sich vielleicht schon so fertig an. Das ist es mit Sicherheit nicht. Ich bin mit meinem Gott nicht fertig – im Gegenteil, ich fange mit meinem Gott eigentlich grad erst richtig an. Ich habe viele Fragen, wenig Antworten. Aber ich finde das nicht schlimm. Die Beziehung zu dem Gott, an den ich glaube, ist eine lebendige Beziehung. Da wächst vieles weiter, entwickelt sich, da haben Fragen Platz und die Neugier, den anderen immer wieder ein Stückchen neu und anders kennenzulernen. Es ist der Tod einer jeden Beziehung, zu meinen, ich wüßte alles vom anderen.

Ich weiß von Gott nicht viel. Aber ich traue ihm, ich vertraue mich ihm an und glaube, daß er nichts Böses mit mir im Sinn hat, eben weil Gott mich liebt. Ich glaube, daß Gott mich kennt und mich annimmt, so wie ich bin. Gott sagt sein „Ja" zu jedem einzelnen Menschen, zu Dir so wie zu mir, und zu all dem, was er geschaffen hat (erinnerst Du Dich? Im Schöpfungsbericht steht die Aussage: „Und Gott sah, daß es gut war").

Da mag mich einer, nimmt mich ernst, so, wie ich bin, mit all meinen Fehlern, meinen Schwächen; da knüpft einer keine Vorbedingungen an seine Liebe; da muß ich nicht erst so oder so werden, um von Gott geliebt zu werden. Gott liebt – diese so einfache Aussage ist doch so schwer zu begreifen, sonst würden wir Christen nämlich wirklich alle etwas fröhlicher dreinschauen.

Zum Lieben gehört aber auch, daß ich mich von Gott lieben lasse, daß ich es zulasse, daß mich einer liebt; daß ich daran glaube, daß es diesen Gott gibt, daß ich „Ja" zu ihm sage. Aber dieses „Ja"-Sagen zu Gott ist erst der zweite Schritt. Vorne dran steht das Geschenk seiner Liebe an uns, das von mir aber das Annehmen dieses Geschenkes erfordert. Das „Ja"-Sagen zu dieser Liebe verändert dann mein Leben: Ich werde frei.

Doch, Du hast richtig gelesen. Mein Glaube an diesen

Gott macht mich frei. Ich höre Dich schon widersprechen: Sonntagspflicht, zehn Gebote, die Stellung der Kirche zur Sexualität,... – und das soll frei machen? Halt, langsam, – nicht gleich das Kind mit dem Bade ausschütten. Insofern hast Du recht, daß von dieser revolutionären Freiheit des Christenmenschen in unserer Kirche oft nur noch wenig zu merken ist. Da steht leider häufig ein „Du mußt, du sollst, du darfst nicht" vornedran. Und die Beispiele, die Du nennst, bedürfen alle eines extra Briefes (Nein, ich will mich nicht drum drücken!) – aber Deine Frage heute nacht war die nach dem Gott, an den ich glaube. Daraus ergeben sich natürlich auch Fragen an die Kirche als die Gemeinschaft derer, die an Gott glauben. Aber laß uns beide trotzdem erst einmal den ersten Schritt miteinander gehen und dann an die zweiten und dritten denken.

Ich sprach von der Freiheit des Christen. Die Liebe Gottes verändert mein Leben; sie macht mich unabhängig von dem, was „die Leute" sagen. Ich werde nicht geliebt, weil ich gut verdiene, weil ich ein schönes Auto fahre und ab und zu mal eine nette Party gebe. Gott liebt mich, weil ich da bin, und weil er mich ins Leben gerufen hat. Ich muß nichts „bringen", keine Leistung, kein Geld, nicht meine Schokoladenseiten – ich darf ich sein. Und dieser Gott nimmt mich in meinem Ich-Sein ganz ernst. Es gibt zahlreiche Stellen in der Bibel, an denen ich Dir das gut aufzeigen könnte. Aber ich möchte es an einem noch einfacheren Beispiel machen: Gott schenkt mir soviel Freiheit, mich für oder gegen ihn zu entscheiden. Er drängt sich nicht auf, zwingt mich nicht, ich kann „Nein" sagen, wenn ich will. Ich glaube, das ist die größte Freiheit, die ein Gott einem Menschen geben kann.

Gott lädt ein, ihn zu suchen, und er ist bereit, sich finden zu lassen. Er schenkt sich einerseits her und läßt sich andererseits suchen. Er liebt Dich, das ist sein Herschenken, er zeigt sich und läßt sich erfahren – und entzieht sich gleichzeitig wieder unserem Verstand, unserem Denken, Fühlen und Handeln. Einen Zipfel der verhüllenden Decke zu fassen zu kriegen heißt gleichzeitig zu erkennen, daß die Decke immer noch zwei Nummern größer ist, als ich gedacht habe. Gott ist einfach vielfach – es gibt Momente, da kann ich ein Stück davon greifen, erhaschen – und dann jagt es auch schon wieder vorbei. Jesus sagt von sich: Ich bin der Weg. Gott selbst ist der Weg. Eine bewußte Entscheidung zum Ja-Sagen zu ihm wird immer neue, andere Schritte nach sich ziehen mit dem Ziel, ihm näher zu kommen. Und je näher ich ihm komme, um so mehr ahne ich seine Größe, die ihn wiederum weiter weg rückt von mir.

Jetzt wollte ich Dir einfach erklären, warum der Gott, an den ich glaube, Grund meiner Hoffnung ist, und bin doch schon wieder drin in den tiefsten Fragestellungen. Liest Du überhaupt noch oder hast Du den Brief schon an die Seite gelegt?

Das, was ich da von Gott erzähle, was ich glaube, ist ein wenig was anderes, als das Gottesbild, das ich noch in meiner Kindheit vermittelt bekam. Da war Gott ein würdiger, älterer Herr mit weißen Haaren, ich hab ihn mir immer auf einem Thron vorgestellt, Gott sah alles, richtete mit strengen Augen, und ich hatte schon Angst vor ihm.

Der Gott, an den ich heute glaube, läßt sich nicht so einfach in einem Bild abfertigen. Von meinem Grundverständnis her ist es ein liebender, ein menschlich liebender Gott; kein Gott, der Angst einjagt, der lauernd darauf wartet, daß die Menschen mal wieder irgendeinen Mist bauen. Er ist für mich Person und Idee gleichzeitig. Person insofern, daß ich ihn mit „Du" anreden kann, daß da eine Beziehung da ist; Person auch insofern, daß ich mir manche menschliche Eigenschaften auf ihn hin denken kann. Mein Gott ist ein Gott, der traurig, zärtlich, vielleicht auch ratlos sein kann, der lachen kann, aber dem auch ab und an der Geduldsfaden reißt – und der immer für eine Überraschung gut ist (nein, für diese Aussagen habe ich keine Beweise, nur meinen Glauben – reicht Dir das?). Gleichzeitig aber ist Gott etwas, das über meine menschlichen Denkkatego-

rien hinausgeht: er ist Idee, Liebe, Leben, Licht, Wahrheit...
Ich brauche beides für meinen Glauben. Ich muß mir „meinen Gott" einerseits in menschliche Kategorien „herunterholen", um überhaupt mit ihm reden zu können; und gleichzeitig brauche ich einen Gott, der über diese vorstellbar menschlichen Kategorien hinausgeht, sonst wäre es ja kein Gott mehr, sondern nur noch ein guter Kumpel. Und das wiederum wäre mir zu wenig. Kannst Du jetzt ein wenig verstehen, warum mir ein solcher Gott Anlaß, Grund zum Hoffen ist? Daß dieser Gott ein Gott ist, in den ich mich fallenlassen kann und der mich auffängt – und der mich gleichzeitig nicht aus meiner eigenen Verantwortung, etwas zu tun, zu handeln, entläßt? Daß dieser Gott mich fesselt und damit freimacht für die wesentlichen Dinge im Leben? Gott ist für mich das „Ja" auf jedes „Nein", die Antwort auf meine Angst und Kleinmütigkeit. Er nimmt mir meine Angst nicht, er akzeptiert sie – aber er ist die Antwort darauf. Mit diesem Gott kann ich leben – eben weil dieser Gott eine Antwort auf meinen Tod ist und über mein Leben hinausreicht.
Ja, Du, jetzt habe ich viel an dich „naag'schwätzt", wie man es hier so schön sagt – und bin mir genauso unsicher wie heute nacht, ob ich Dir dabei irgendwas habe sagen können. Auf jeden Fall ist mir eines dabei klar geworden: dieser Brief reißt mehr Fragen auf, als er beantworten kann. Aber das ist vielleicht gut so. Schreib mir doch einfach mal, was Dich jetzt so bewegt, was Dir nicht klar ist, wogegen Du dich wehrst, oder auch, was Du gut findest. Ich werde mich bemühen, Deine Fragen, so gut ich es kann, zu beantworten. Zu schreiben gäbe es, weiß Gott, noch genug.
Aber ich laß es vielleicht in aller Begrenztheit jetzt einfach mal so stehen.
Dir danke fürs Zuhören – und ich wünsch Dir Mut für den ersten Schritt. Mach's gut!

Deine

Ich habe
Grund zur Hoffnung

auch
wenn mir das Wasser
bis zum Halse steht

Ich habe Grund

Jedes Leben
das den Tod durchbricht

bist du
mein Gott

du bist das Versprechen
das im Unendlichen
keine Grenzen hat

Du bist
größer als ich

manchmal
fällt es mir schwer
das zu akzeptieren

da will ich
alles alleine machen

Ich bin dein Gott
der dich aus deiner Einsamkeit herausführt

Ich bin für dich da
ich verlasse dich nicht

Ja, wehr dich
leugne mich
flüchte

ich lasse dich nicht allein

ich
dein Gott
habe dich lieb

JAHRESWECHSEL

Gott,
du hast viel mit mir angestellt in diesem Jahr,
ich habe mich anstellen lassen

einiges, vieles ist schiefgelaufen,
manches hätte anders sein können
wenn ich meinen Dickkopf aufgegeben hätte
nicht so bequem gewesen wäre
nachgedacht hätte
auf dich gehört hätte

darf ich noch mal neu anfangen
jetzt in diesem neuen Jahr?
Ja?
Du trägst nicht nach,
läßt mich nicht los,
auch wenn ich dich häufig genug
losgelassen habe?

Bleibe bei mir in diesem neuen Jahr,
ich habe ein bißchen Angst,
ob ich das alles so schaffen werde,
was da auf mich zukommt

Gib mir nicht mehr zu tragen
als ich aushalten kann.
Den Muskelkater nehme ich dabei
schon in Kauf.

Mir fallen
soviele Selbstverständlichkeiten ein,
für die ich mich
überhaupt nicht bedankt habe.
Ich darf leben
dafür danke
danke aus ganzem Herzen.

Hilf mir im neuen Jahr dabei
deinen Auftrag, deinen Willen zu sehen –
manchmal kann ich ganz schön blind sein.
Gib mir die Kraft, die ich brauche
die Erfahrungen, die notwendig sind,
damit ich daran wachse.
Teil mir das Stück Weg zu,
von dem du meinst,
daß ich es brauche

Und geh mit mir auf diesem Weg.

MOMENTAUFNAHME

Inmitten der Stapel von Papier
inmitten der Tagesordnungspunkte, zwischen
Rechenschaftsbericht,
Fußballspiel und Dienste für den Frieden
inmitten von Rednerlisten und Diskussionsbeiträgen
inmitten der gehandelten Interessensvertretung

innehalten
einen Moment lang
Gott anschauen
mich anschauen lassen von Gott
einen Augen-blick lang

Gott hereinholen
in die Rednerlisten und Diskussionsbeiträge
zwischen die Zeilen bedruckten Papiers
ihn ans Mikro lassen
hören
handeln

mit meinem Gott
Aktenordner und Papierberge überspringen

Still
Kleinlaut
hocke ich
in meiner Ecke

ich
weiß
nicht mehr weiter

ich
find
den Weg nicht mehr

du
find mich

Du bist bei mir
alle Tage
alltags
Du bist mein Gott des Alltags

dann darf ich dir
bitte schön
auch meinen Ärger
über die hohe Reparaturrechnung
die Freude über den Fischreiher
meine Einsamkeit heute abend
und den zerrissenen Schuhbändel
übergeben

und jetzt beschwer dich nicht
so
sieht mein Alltag aus

Das Kreuzzeichen
auf meinem Körper
will mir sagen:

Gott braucht mich
mit Kopf
Herz
und Händen

Steh auf
ich will mit dir reden
spricht Gott

Aufstehen
aus dem tiefsten Dreck
aufstehen
aus meiner geduckten Haltung

aufstehen
aus meiner Furcht
Verzweiflung
Geducktheit

steh auf
ich will mit dir reden
spricht Gott

und dann reicht er mir
sogar noch
seine helfende Hand
zum Aufstehen
und wischt zärtlich
den Dreck von meinen Knien

Das Grab ist leer
der Tote lebt

geht nach Galiläa
dort werdet ihr ihn sehen

geh zurück
in deinen Alltag
in dein Leben
zu deiner Familie
zu deinem Beruf

such ihn nicht
bei den Toten

such ihn da
wo Leben ist

und wenn du ihn gefunden hast
dann geh hin
und erwecke
die noch schlafenden Toten
zum Leben

Lieber Gott

manchmal möchte ich mich
einfach
in deine große warme Hand
hineinschmiegen

aber dazu
muß ich mir erst
meiner Kleinheit bewußt werden

Das Wort „Zufall"
will eigentlich nur sagen
daß mir etwas zu-fällt

Es trifft keine Aussage
über den
der wirft

Ich mag Gänseblümchen

Vor einigen Tagen kam ein Mitarbeiter auf mich zu, der bei uns im Büro verantwortlich dafür ist, daß aus vielen einzelnen Beiträgen verschiedener Autoren eine Zeitschrift für Jugendliche wird, die auch noch lesenswert sein soll. Die neueste Ausgabe hatte das Thema „Zärtlichkeit", und ich hatte ein paar Artikel beigesteuert. „Hast Du 'nen Moment Zeit?", fragte er. „Ja, was ist denn los?" – „Hör mal, es geht um Deine Artikel für das ‚Zärtlichkeits-Heft'. Weißt Du, Gänseblümchen, recht und schön, aber in den drei Artikeln von Dir kommen sie allein viermal vor. Ich kann's echt fast nicht mehr sehen."
Ehrlich, viermal? War mir gar nicht aufgefallen...
Aber es stimmt schon, die Gänseblümchen sind bei mir drin und stehlen sich immer wieder hinaus. Sei es, daß ich sie als Beispiele anführe, eines mühsam hinter meine Unterschrift krakle, oder einem Freund ein getrocknetes einfach in den Briefumschlag mit dazu lege. Ich habe sozusagen die Gänseblümchenkrankheit... (Und es gibt Menschen, die hab ich sogar schon damit angesteckt!) Mir sind die Gänseblümchen als Symbol wichtig geworden. Sie bedeuten mir viel: das Leben, das sich im schäbigsten Rasen, auf schlechtestem Boden mitten in der Stadt durchkämpft; das unvermutet im gepflegten englischen Rasen auftaucht; es ist für mich ein Zeichen für die kleinen, unscheinbaren Alltäglichkeiten, an denen wir, von den scheinbar „großen" Dingen unseres Lebens gefangen, einfach vorbeilaufen. Sie sagen mir, daß jedes Gänseblümchen ein Wunder der Schöpfung Gottes ist, daß Gottes Größe sich winzigklein macht, Gott auch das Kleine, Unscheinbare liebt.
Gänseblümchen sind unaufdringlich und zärtlich. Sie stellen sich mir nicht in den Weg, sondern ich muß schon ein wenig die Augen aufhalten, mich auch einmal bücken. Sie passen in keine aufwendige Cellophan-Ver-

packung des Blumengeschäftes, sondern viel besser in eine kleine, dreckige Kinderhand.

Gänseblümchen in meinem Alltag – eine Ansichtskarte inmitten der Dienstpost; ein Freund; das Anlächeln eines Menschen auf der Straße; der junge Spatz, der vor mir herhüpft, der Autofahrer, der anhält, damit ich endlich abbiegen kann; die ehrlich gemeinte Frage, „wie geht es?", das verständnisvolle Zuhören, die glitzernden Tautropfen auf der Wiese, der kleine Junge, der Seifenblasen in die große Welt pustet,... unscheinbare Kleinigkeiten mitten in meinem Alltag, Gänseblümchen eben!

Also, ich mag solche *Gänseblümchen!*

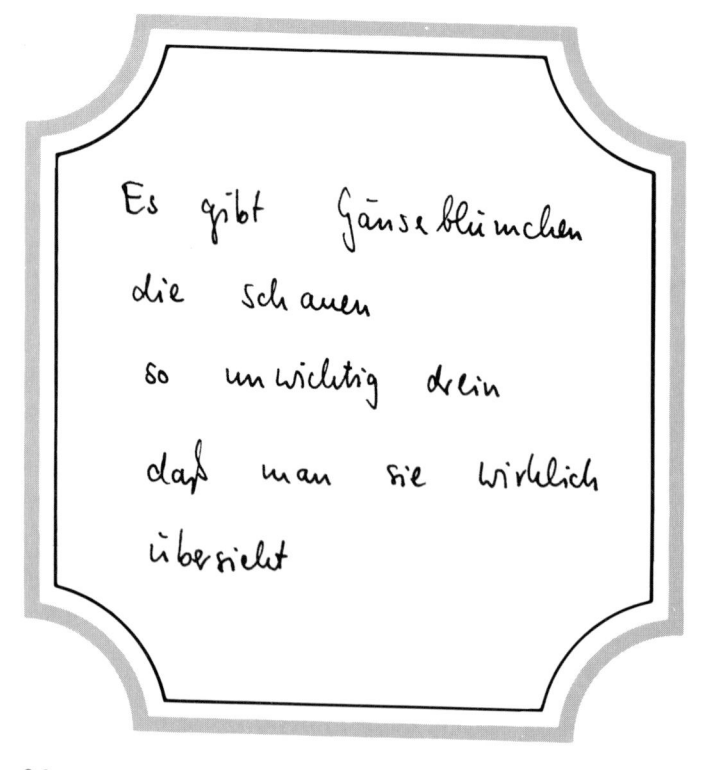

> Es gibt Gänseblümchen
> die schauen
> so unwichtig drein
> daß man sie wirklich
> übersieht

In dem Baum
auf den man
von unserem Tagungsraum aus sieht
brütet eine Amsel

Wir reden uns
die Köpfe heiß
über Gott und die Welt

Ich bin mir
nicht ganz sicher
wer im Moment
die wichtigere Aufgabe
für Gott und die Welt
wahrnimmt

Nein
mein Blühen stell ich nicht ein
bloß weil ich zufällig
in einem englischen Rasen
sitze

Ich blühe einfach weiter
vor mich hin
und trotze in meiner Kleinheit
sogar dem Rasenmäher

das ist
zärtliche Revolution

Naturköstler behaupten
Gänseblümchen ergäben
einen hervorragenden Salat

also irgendwie
einem Kohlkopf
kann ich das eher antun

Hoffnung

Der Bürgersteig
vor unserem Haus
hat eine dichte
solide Asphaltdecke

jahrelang
bin ich darüber gelaufen

Vorgestern
bemerkte ich plötzlich
eine dicke Beule
in dem glatten Asphalt

Gestern
sah ich
zwischen aufgeworfenen Asphaltbrocken
einen weißen Pilz

Heute war der Pilz fort
zertreten, zerstreut, tot

Aber
jetzt
ist ein Loch im Asphalt

Gott
du bist ein Gänseblümchen-Gott
du lebst
ihre Philosophie

du drängst dich nicht auf
bietest dich an
du bist da
wo Leben ist
bist unausrottbar
über Jahrtausende hinweg
blühst immer wieder
von neuem
trotz alledem
und wider alle Resignation

Zärtlich
stehst du den Menschen im Weg
sie stolpern über dich
müssen sich bücken
um dich zu finden

du, der mächtige große Gott
macht sich gänseblümchenklein

Die Samentüte
die ich kürzlich gekauft habe
ist fünf auf acht Zentimeter groß

Die Samenkörner darin
sind verschwindend klein

laut Aufschrift
versteckt diese Tüte
das Wunder von ca. 680 Gänseblümchen

Dabei wäre mir
ein Gänseblümchen-Wunder
schon mehr als genug

Geborgenheit
das ist zu wissen
wo man hingehört

nur
das sind Menschen
und nicht einfach
eine Dreizimmerwohnung

Ich wollte dir
ein Gänseblümchen
pflücken

aber es schaute mich
so vorwurfsvoll an

daß ich mir
nun doch
lieber was anderes
einfallen lasse

Blumengeschäfte
verkaufen
keine Gänseblümchen

sie sind
wohl auch
unverkäuflich

genauso wie ich
Liebe
Zärtlichkeit
Freundschaft und Menschen
nicht kaufen kann

Sie wachsen wild
blühen unbeachtet
und warten nur auf jemanden
der sich
endlich
bückt

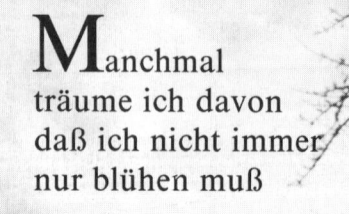

Manchmal
träume ich davon
daß ich nicht immer
nur blühen muß

sondern Zeit
Ruhe habe
um Kraft für neue Triebe
zu sammeln

WARUM ICH DIESE TEXTE VERÖFFENTLICHE

Eigentlich
ist all das
was ich mit meinen Texten sagen will
von irgend jemandem
irgendwann einmal
schon sehr viel besser
geschrieben worden
aber Löwe und Werner, Anton und Birgit,
(noch'n) Werner und Otmar, Martina und Anneliese
haben mir Mut gemacht
als sie gesagt haben
sie fühlten sich verstanden
durch das, was ich schreibe
Ich wünsche Dir
und Ihnen
daß Sie sich wiederfinden können
in diesen Texten und Gedanken
spüren, da ist jemand
dem es ähnlich geht
das wäre schon viel

Andrea Schwarz, geb. 1955 in Wiesbaden, lebt im Rheinhessischen und ist freiberuflich als Schriftstellerin und Supervisorin tätig. Von ihr erschienen im Verlag Herder u. a. „Der kleine Drache ‚Hab-mich-lieb'" – „Bunter Faden Zärtlichkeit" – „Kater sind eben so" – „Singt das Lied der Erlösung. Mit Gott das Leben feiern" – „Ich bin Lust am Leben" – „Ich bin verliebt ins Leben" – „Mit Leidenschaft und Gelassenheit" – „Ich schick dir einen Sonnenstrahl. Das Postkartenbuch" – „Mich zart berühren lassen von Dir. Ein Hohes Lied der Liebe" – „Manchmal ist Chaos in Ordnung" – „Kleine Drachen sind eben so" – „Vom Engel, der immer zu spät kam".